今年こそ、梅しごと

杵島直美

目次

4　梅しごとカレンダー
6　はじめに

1章
やっぱり！
梅干しと梅ジャム

8　梅干しと梅ジャム用の
　　完熟梅について
　　梅の種類／梅の大きさ／梅の熟度

10　完熟梅でつくる 梅干し

18　梅干しを使って自家製梅調味料
　　梅びしお／梅ペースト／梅かつお／梅肉めんつゆ／
　　梅ドレッシング／梅マヨネーズ／梅バター

20　梅干しづくり、2つの大きなポイント

21　赤じそでつくる 赤じそ酢

24　もっと完熟梅でつくる 梅ジャム

2章
はじめてでもかんたん
梅シロップと梅酒

28　青梅でつくる 梅シロップ
32　青梅でつくる 梅酒

3章
そのほかの
梅しごと

36　青梅でつくる ピクルス
38　青梅でつくる 甘露煮
40　青梅でつくる サワー漬け
42　青梅でつくる 梅肉エキス
44　青梅でつくる しょうゆ漬け
45　もっと完熟梅でつくる 甘酢漬け
46　もっと完熟梅でつくる 甘塩漬け
48　もっと完熟梅でつくる 梅みそ
50　小梅でつくる カリカリ漬け
52　小梅でつくる 小梅干し

4章

梅しごとの合間に
初夏の保存食

[らっきょう]

59　みそ漬け

60　甘酢漬け

61　酢じょうゆ漬け

61　塩漬け

[新しょうが]

63　甘酢漬け

64　紅しょうが

[新にんにく]

67　しょうゆ漬け

68　みそ漬け

69　にんにくオイル

梅しごとと初夏の保存食のレシピノート

70　梅ゼリー

70　梅アイスキャンディー

71　スペアリブの梅煮

71　ホタテフライの梅タルタルソース添え

72　鯛の薄造り

72　蒸し鶏の梅じょうゆドレッシング

73　紅白の菊花かぶ

74　ゆかりのおにぎり

74　手羽先と梅の甘酢煮

75　即席しば漬け

76　ガーリックチャーハン

76　豚テキ

77　鮭のチャンチャン焼き

77　スパゲッティー・ペペロンチーノ

78　梅しごとと初夏の保存食の
　　調味料の話

この本について

・大さじ1は15ml、小さじ1は5ml、1カップは200mlです。いずれ
　もすりきりではかってください。

・「使用する道具」は、一般に家庭で料理をつくるときに使用するまな板
　や包丁、ボウル、ざる、菜箸、鍋などの基本的なものは省略しています。

・「容器」はホーローやガラス製がおすすめです。酸に弱いプラスチック
　製や金属製は避けたほうがよいでしょう。

・「落としぶた」は容器よりひと回り小さいサイズのものを選びます。落と
　しぶたは陶器やガラス製の平皿でも代用できます。丈夫で扱いやすく、
　重ねられるので便利です。

・「重石」は、軽い重石なら、陶製やガラス製の平皿で代用できます。平
　皿なら重ねることができるので、重さが加減しやすいです。

梅しごとカレンダー

		5月中旬～下旬	6月	7月
出回り時期	小梅	←————————→		
	青梅	←————————→		
	完熟梅		←————→	
	赤じそ		←——————————————————→	
小梅	カリカリ漬け	←漬け込み→	食べ頃 ←—————	食べ切る ————————→
	小梅干し	←———————下漬け———————→	←——————赤じそ漬け——————→	
青梅	梅シロップ	←漬け込み→	食べ頃 ←——————————————————→	
	梅酒	←漬け込み———————————————————————————		
	ピクルス	←漬け込み→	食べ頃(冷蔵保存) ←——————————————————→	
	甘露煮	←煮る→	食べ頃 ←—————	食べ切る ————————→
	サワー漬け		←漬け込み———————————————	
	梅肉エキス		←煮る→ 食べ頃 ←————————————→	
	しょうゆ漬け		←———漬け込み———→	食べ頃 ←—————→
完熟梅	梅干し		←—下漬け—→	←赤じそ漬け→
	梅ジャム		←煮る→	食べ頃 ←——————→
	甘酢漬け			←漬け込み———————————
	甘塩漬け			←漬け込み———————————
	梅みそ			←漬け込み———————————
赤じそ	赤じそ酢			←漬け込み———————————

8月	9月	10月	11月	12月	翌年

土用干し　本漬け　食べ頃　　　　　　　　　　食べ切る

食べ切る（翌年5月下旬）

飲みはじめ　　　飲み頃（翌年5月下旬）

飲み切る（2〜3年後）

使い切る

食べ頃　　　　　　使い切る

（冷蔵保存で数年）

使い切る

土用干し　　　　　本漬け　　　　　　食べ頃（1月中旬以降）

小分けにして冷凍　　　　　　食べ切る（翌年6月頃）

食べ頃　　　　　　　　　使い切る

食べ頃　　　　　　　　　使い切る

食べ頃　　　　　　　　　食べ切る

食べ頃　　　　　　　使い切る（冷蔵保存で翌年6月下旬）

はじめに

毎年、ゴールデンウィークが終わり、皐月晴れの日が続く頃、

わが家の「保存食づくり」のシーズンが始まります。

らっきょう漬け、青梅で作る梅酒や梅肉エキスからはじまり、

完熟した梅で漬けた梅干しを土用干しするまで

旬素材を求め、保存食をつくる作業をもう何年重ねてきたことでしょうか？

母が元気だった頃、わが家では毎年数十キロの梅干しを漬けていましたから

土用干しが終わる真夏まで、

わたしたちは気の休まることがありませんでした。

梅雨が長引き、カビが生えそうになったこともありましたし、

土用干しの間に突然雨が降ってきて裸足でベランダに駆け出し、

梅を取り込んだ年もありました。

歳月を経て、母は他界しましたが、

わたしは今も息子や仕事仲間と初夏の梅しごとや保存食づくりを続けています。

梅しごとや保存食づくりは

単に「つくる」という作業にとどまりません。

家族や友人と、愉しみながらつくり、おいしく味わい、

心豊かな食生活を送っていただきたいと思います。

杵島直美

1章

やっぱり！
梅干しと梅ジャム

梅干しと梅ジャム用の
完熟梅について

6月中旬頃、梅干しに適した「黄熟」したやわらかい梅が出始めます。
全体が黄色味をおびていて、甘酸っぱいよい香りがします。

梅の種類

「白加賀」「南高梅」「古城」などの品種が一般的ですが、なかでも「南高梅」は種離れがよく、肉厚なのでおすすめです。ちょっと割高ですが、せっかく手づくりするならぜひ「南高梅」で。価格は1kgあたり800〜1000円程度のものなら上質でしょう。

梅の大きさ

梅の大きさはM（17g程度）〜4L（40g程度）までさまざまありますが、梅干し用には1粒20〜25g程度の2L、3Lサイズがおすすめです。

梅の熟度

梅干しは黄熟したやわらかい梅でなければおいしくできません。梅の色がまだ青っぽかったりかたいようであれば、段ボールに入れてタオルをかけ、風通しのよい室内に置いて黄色く色づきやわらかくなるまで待ちます。あまりに放っておくと、皮に黒い斑点があらわれ、傷んできますので、ときどき様子をみてください。

6月下旬以降になると、熟度が進んで梅が杏のようにオレンジ色でやわらかくなってきます。これが梅ジャム用に最適です。

完熟梅でつくる 梅干し

塩がなれて味がまろやかになる半年後、
市販のものとは比べようもない香りと深み、梅のおいしさに出合います。

使用する梅	完熟梅
漬けはじめ	6月中旬
食べはじめ	6か月後
食べ頃	1年後〜
保存方法	常温・冷暗所（冷蔵庫も可）
保存期間	2〜3年

◎ 材料

完熟梅 … 2kg ※黒い斑点や傷がある梅は取りのぞく
塩 … 300g ※梅の重さの15%
ホワイトリカー（35度）… 50ml

◎ 使う道具

- 消毒用エタノール
- ホーロー容器
- 落としぶた（平皿）
- 重石（4kg）

※カビ防止のため、道具（漬け物容器、落としぶた、重石など）はすべて消毒しましょう。道具類をきれいに洗って水気をふき、消毒用エタノールを吹き付けて乾かします。

梅干しの塩分量について

「塩梅」と書いて「あんばい」と読み、料理の味加減のことをいいます。「いい塩梅」はちょうどよい味加減のことで、梅干しの場合は、==梅の重さに対して15％の塩分量==がいい塩梅ではないかと思います。昔ながらの梅干しは18〜20％くらいの塩分量です。==塩分量が少ないと梅酢が上がりにくかったり保存に適さなかったり失敗しやすくなります==ので、まずは15％で試していただき、慣れてきたら好みで加減してください。

梅の分量を増減する場合

梅の量	塩（下漬け用） ※梅の15%	ホワイトリカー	赤じそ	塩（赤じそ用）	重石
500g	75g	大さじ1 （15ml）	1/2束 （正味50g）	小さじ2	1kg位
1kg	150g	25ml	1束 （約150g）	大さじ1〜2	2kg位
3kg	450g	75ml	3束 （約450g）	大さじ3〜4	5kg位

1. 下ごしらえ

カビ予防のためにも、洗った梅の水気をよくふき取り、容器（や落としぶた、重石等）をしっかり消毒しましょう。

1. 大きめの洗いおけ（ホーロー容器でもOK）にたっぷりの水を入れ、梅を静かに入れる。

2. 梅をやさしくこすり洗いし、表面のうぶ毛を取る。

3. ざるに上げて水気をよくきる。

4. 清潔なタオルでそっとふいてしっかり水気を取る。

5. 竹ぐしを使って、なり口のヘタを取りのぞく。梅を傷つけないように注意。

6. ホーロー容器の内側を消毒用のエタノール（薬局で購入可能）で消毒して乾かす。

2. 下漬け

ホワイトリカーを入れるのは、消毒のためと、
梅に塩を早くなじませて梅酢が早く上がるように促すためです。

7

梅を容器に入れて塩を振り入れ、ホワイトリカーを回し入れる。塩が梅全体に付着するように容器をあおる。

8

重石が均一にかかるように、梅を平らにならす。

9

落としぶたとして使う平皿に消毒用エタノールをスプレーし、乾かす。

10

9の平皿を落としぶたとしてのせる。

11

4kgの重石をのせて下漬けする。一日に2回、重石とふたをはずして容器をあおる（漬け汁の上がりを早くするため）。

12

2日後には漬け汁（白梅酢）が上がり、下漬けが完了。すぐに赤じそのアク出しをし、梅に加える。

3. 赤じそ漬けにする

◎ 材料

赤じそ … 2束（正味200g）
塩 … 大さじ2

※赤じそは根付きで7〜8束まとめて売られていたり、葉を摘み取り袋詰めして売られていたりします。葉を摘み取り200g準備します。

赤じそはちりめんじそともいわれ、葉が細かくちぢれているのが特徴。葉の表裏とも赤紫色で、傷のないきれいな葉を使いましょう。緑がかった色の葉を使うとくすんだ赤色になり、きれいな色に染まりません。

1

たっぷりの水でやさしく振り洗いし、2〜3回水をかえて汚れを落とす。

2

ざるに上げ水気をきる。

3

大きめのボウルまたは洗いおけに入れて、塩の半量を振り入れる。

※調理用手袋を使用する場合は、しっかりと洗ってから使うこと。

赤じそを入れずにつくる「関東干し」「白梅干し」と呼ばれる梅干しは
白梅酢が上がったら土用干しをし、本漬けを行います。

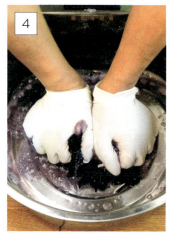

両手で赤じそを押さえながら塩をなじませる。赤じそがしんなりしてきたら両手で押さえてもんでアクを出す。

さらにもむと濁った黒い汁（アク）が出る。両手でぎゅっと絞り、アク汁は捨てる。

容器を洗って水気をふき、5の赤じそを入れる。残りの塩を振って赤じそと混ぜ、もう一度押すようにしてもむ。

1回目よりきれいな紫色の汁が出るが、これもアク。きつく絞り、この汁も捨てる。

下漬けした梅（2-12）の上に7の赤じそをのせ、菜箸で全体にかぶせるように広げる。

消毒した皿を乾かして落としぶたとしてのせ、ふたをして風通しのよい涼しい場所で保存する。2〜3日に一回は様子を確かめカビに注意する（p.20参照）。

4. 土用干しをする

1

写真はちょうど土用干しをする頃の梅の状態。

2

三方にひもをつけた盆ざるをボウルにのせ、中央に赤じそをのせる。

3

木べらで赤じそを押し、梅酢をよくきる。

4

梅を1粒ずつ盆ざるにのせる。

5

できるだけ重ならないように置く。ボウルに受けた梅酢は容器に戻しておく。

6

汁気がきれたら物干しざおにざるのひもを通して吊るし、日光にあてて干す。

梅雨があけ、晴天が4〜5日以上続くようになったら、土用干し。
陽にあてることで殺菌作用が期待でき、味に深みが出て色もきれいに仕上がります。

7

途中で一度、梅の上下を返して3日間を目安に干す。

POINT

外出時や夜は屋内に取り込み、絶対に濡らさないように心掛けましょう。乾くまで、晴天なら2日くらい、日差しが弱ければ4日程かかることもあります。

8

梅が完全に乾いたら土用干しの完了。最終日には赤梅酢も容器ごと外に出し、天日で温める。

5. 本漬け

梅がひたる程度の梅酢を容器に入れたら、余った梅酢は別の容器にうつし、酢の物の色づけや料理の風味付けなどに利用しましょう。

1

梅を容器に1粒ずつ戻す。
※赤じそは引き続き4〜5日干してゆかりをつくることができる（p74参照）。

2

容器を回して、梅に梅酢を行き渡らせる。

3

消毒して乾かした平皿をのせて容器のふたをし、涼しくて風通しのよい所で保存する。1年後からが食べ頃。

梅干しを使って 自家製梅調味料

梅干しでつくる調味料は、隠し味や料理のアクセントになったり
臭みを消したりと、常備しておくととても便利です。
ここではとくに使い勝手がよく、おいしいと評判の梅調味料を紹介します。

※材料はすべてつくりやすい分量で紹介しています。

梅びしお

お茶受けとしていただくほか、
ジャムのかわりに
トーストに塗っても。

◎ 材料

梅干し … 10個（200g）
砂糖 … 100g
みりん … 大さじ2

◎ 作り方

1. 梅干しをたっぷりの水に1時間さらして塩抜きする。
2. 小鍋に梅を入れて水をかぶるくらいに注ぎ、煮立ったら火を弱めて中火で15分ほどゆで、ゆで汁を捨てる。
3. 梅干しの種を取りのぞいて包丁で叩き、ペースト状にする。
4. 小鍋に3と砂糖、みりんを加え、木べらで混ぜながらぽったりするまで4～5分練りながら煮る。

梅ペースト

お弁当やおにぎりの具に。
青魚を煮るときに加えると、生臭さがおさえられます。

◎ 材料

梅干し … 10個（200g）
砂糖 … 小さじ1
みりん、酒 … 各大さじ2

◎ 作り方

1. 梅干しの種を取りのぞき、包丁で細かく滑らかになるまで叩く。
2. 1に砂糖、みりん、酒を加えてよく混ぜ合わせる。

梅かつお

冷奴の薬味に、お茶漬けや
おにぎりの具にもおいしい。

◎ 材料

梅干し … 5個（100g）
しょうゆ、酒、みりん
　… 各小さじ1
白炒りごま … 大さじ1
削りかつお … 3～5g

◎ 作り方

1. 梅干しをたっぷりの水に20分さらして塩抜きする。
2. 梅干しの種を取りのぞき、包丁で粗く叩く。
3. 2としょうゆ、酒、みりん、白炒りごま、削りかつおをよく混ぜ合わせる。

梅肉めんつゆ

そうめんや冷麦のつけだれにとどまらず、
青魚や鶏肉の煮汁に加えてもおいしい。

◎ 材料

梅干し … 5個（100g）
だし汁 … 1カップ
しょうゆ … 大さじ2
みりん … 大さじ4

◎ 作り方

1 梅干しの種を取りのぞき、包丁で粗く叩く。
2 だし汁にしょうゆ、みりんを合わせて煮立て、1を加えてひと煮する。

梅ドレッシング

サラダのドレッシングだけでなく、
冷製パスタのソースとしても活用できます。

◎ 材料

梅干し … 5個（100g）
砂糖 … 大さじ1
酢 … 大さじ2
サラダ油 … 大さじ3

◎ 作り方

1 梅干しの種を取りのぞき、包丁で粗く叩く。
2 砂糖、酢、サラダ油をよく混ぜてドレッシングをつくり、1を加えて混ぜる。

梅マヨネーズ

スティック野菜につけたり、
ゆでたじゃがいもやきのこにからめて食べても。

◎ 材料

梅干し … 3個（60g）
マヨネーズ … 100mℓ

◎ 作り方

1 梅干しの種を取りのぞき、包丁でていねいに叩く。
2 マヨネーズに1を加えてよく混ぜる。

梅バター

トーストやクラッカーに塗ったり、
パスタソースに使うのもおすすめ。

◎ 材料

梅干し … 3個（60g）
バター … 50g

◎ 作り方

1 梅干しの種を取りのぞき、包丁で粗く叩く。
2 バターを室温でやわらかくして1を加えて混ぜ、冷蔵庫で冷やし固める。

梅干しづくり、
2つの大きなポイント

梅干しづくりにおいて、とりわけ多い悩みは「梅酢が上がらないこと」と「カビ対策」。梅干しが成功するかどうかは、この2つにかかっているといっても過言ではありません。そこで、この2つのポイントについてまとめてみましたので、ぜひ参考にしてください。

梅酢を早く上げるには

- 必ず完熟した梅を使うこと。熟度が足りないと梅酢はなかなか上がってきません。
- 塩が梅全体に絡まって早く溶けるように、容器をあおり（上下に動かし）、梅の上下を入れ替えること。
- 重石は梅酢が上がるまでは、梅の重量の2倍の重さにすること。梅酢が上がったら重さを半分に減らしましょう。
- 材料の分量は正確に量ること。最近は減塩傾向で、塩を減らして失敗したという例も多く見られます。塩分が少ないとカビやすかったり、長期保存が難しくなります。まずは塩分15％からはじめてください。

カビを予防するには

- 下ごしらえで洗った梅は、水気をよくふき取ること。
- 容器、落としぶた、重石など道具類の消毒はしっかりと行うこと。
- 傷や斑点のある梅は梅干し用には使用しないこと。
- 土用干しまでは2〜3日に1回は様子を確かめること。下漬け中にカビが生えたら、下記の方法で対処を。
- 土用干しで雨にあてないよう気をつけること。
- 梅干しの保存は、日光があたらず、温度も低く温度変化の少ない場所を選ぶこと。

カビが生えたときの対処法

❶ 梅酢を漉す
梅を取り出し、梅酢を漉してホーロー鍋に入れる。

❷ 梅酢を煮沸
梅酢をしっかりと煮立て、アクを取りのぞき、冷ます。

❸ 梅と容器を消毒
ホワイトリカー（35度）に、梅をくぐらせる。容器は洗って消毒する。

❹ 梅と梅酢を戻す
梅と梅酢を容器に戻す。消毒した落としぶたと重石をのせ、梅雨明けを待つ。

赤じそでつくる 赤じそ酢

梅干し用の赤じそを酢に漬けて作ります。
酢のものの色づけや風味づけ、ドレッシングなどに重宝します。

漬けた当日

↓

3か月後

漬けはじめ：7月上旬
食べ頃：3か月後
保存方法：常温・冷暗所
保存期間：1年

◎ 材料

赤じそ … 1束（正味100g）
塩 … 大さじ1
酢 … 500mℓ

◎ 使う道具

・大きめのボウル
・調理用手袋
・保存容器
・木べら

赤じそのアクを抜く

1
赤じその葉を摘み取って洗い、水気をきってからボウルに入れ、塩を振る。
※調理用手袋を使用する場合は、しっかりと洗ってから使うこと。

2
赤じそを両手で押さえてしんなりさせる。

3
ぎゅっ、ぎゅっとしっかりもんでアクを出す。

酢を注ぐ

4
赤じそをきつく絞り、絞った汁は捨てる。

5
保存容器はきれいに洗って乾かし、きつく絞った赤じそを入れる。

6
酢を少し注ぎ、菜箸で赤じそをほぐす。

漉して保存する

残りの酢を全部注ぎ、容器のふたをして常温で保存する。

3か月もすると酢は鮮やかな色に染まり、赤じそのエキスはすっかり酢に移った状態になる。

ボウルの上にざるをのせ、容器から赤じそを取り出す。

容器ごと赤じそ酢をざるにあけて漉す。

赤じそを木べらで押さえて汁気を絞る。絞った赤じそは捨てる。

赤じそ酢だけをびんに入れて保存する。

もっと完熟梅でつくる 梅ジャム

年に一度、短い旬にしかつくることのできない貴重な品。
食欲をそそる色やフルーティーな味わいは杏ジャムにも通ずるものがあります。

使用する梅：もっと完熟梅
仕込みはじめ：6月下旬～7月上旬
保存方法：冷蔵
保存期間：2～3か月
（小分けして冷凍保存で半年）

◎ 材料

完熟梅 … 500g
砂糖 … 300g
レモン汁 … 1個分

◎ 使う道具

・ホーロー鍋
・木べら

◎ 下ごしらえ

梅は洗って水気をふき、竹ぐしでなり口のヘタを取りのぞく。>>>p12参照

完熟梅　もっと完熟梅

梅干し用の梅より、さらに熟度が進んだ状態のものでつくります。傷や黒い斑点などがあって梅干しに使えず取りのぞいた梅も、完熟していればジャムに利用できます。

煮る

梅を漉す

1　ホーロー鍋に下ごしらえした梅と水400mlを入れて強火にかけ、煮立ったら火を弱めてアクを取りながら20分ほど煮る。

2　20分ほど煮ると梅が煮崩れるほどやわらかくなる。

3　2をボウルで受けたざるにあけて汁を漉す。梅の粗熱が取れたらヘラでこすって実をつぶして、種を取りのぞく。

煮詰める

種についている実は指でこすりながらはずすと無駄がない。

つぶした梅の実と汁をホーローの鍋に入れる。

5に砂糖を加えて混ぜ、火にかける。

木べらで混ぜながら中火で15分ほど煮詰める。

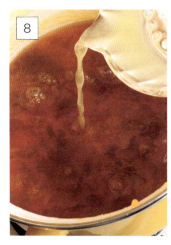

仕上げにレモン汁を加えてひと煮する。

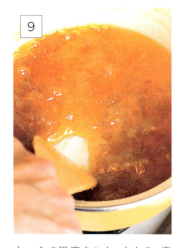

木べらで鍋底をこすったとき、底が一瞬見えるほどのかたさが出来上がりの目安。冷めると少しかたくなるので、このくらいのやわらかさで火を止める。冷めたら容器に移して冷蔵庫で保存する。

2章

はじめてでもかんたん
梅シロップと梅酒

青梅でつくる 梅シロップ

シロップは氷水やソーダで割ってドリンクに。
梅はそのままでも、刻んでヨーグルトやアイスクリームに混ぜても。

使用する梅：青梅
漬けはじめ：5月下旬
食べ頃：2週間後〜
保存方法：冷蔵
保存期間：1年

◎ 材料

青梅 … 500g
砂糖 … 350g

◎ 使う道具

・ホーロー容器
・木べら
・金づち

青梅はみずみずしい濃い青色で、実がかたくハリのあるものを選びます。そして買ったらすぐに漬けること、熟度が進まないうちに仕事に取りかかりましょう。

下ごしらえ

1 青梅を洗い、うぶ毛を取りのぞく。

2 梅シロップ、ピクルス、しょうゆ漬けの場合はたっぷりの水に1時間つけてアク抜きする。梅酒や甘露煮、梅肉エキス、サワー漬けの場合は水につける必要はなく、洗ったらざるに上げる。

3 ざるに上げて水気をきる。清潔なタオルで1粒ずつ水気をふき、竹ぐしでなり口のヘタを取りのぞく。

梅をまな板にのせ、木べらをあてて金づちで軽く叩きひびを入れる。

POINT

種は取りのぞいても、取り出さなくてもかまわない。また2つに割れても、ひびが入っただけでもOK。ただ強く叩きすぎると細かく割れてしまうので注意する。

砂糖をまぶす

ホーロー容器に砂糖を入れておき、叩いた梅を加えていく。ときどき混ぜながらこれをくり返し、ラップで覆って常温で一日置く。

その日の晩と次の日の朝の2回は梅と砂糖を混ぜ合わせ、シロップが早く出るようにする。アリ等が寄ってこないようにラップでしっかり覆うこと。

一日置くと砂糖がおおむね溶けた状態になる。

シロップを煮詰める

7のように砂糖が溶けた状態になったら、梅だけを一度取り出す。

容器の底に残った砂糖を混ぜてから弱火にかける。

煮立つとアクが出てくるのですくい取る。この時に加熱時間が長いと、煮詰まってシロップがアメ状になってしまうので、アクを取ったらすぐに火を止める。梅のかけらがあればすくって取りのぞく。

10のシロップを完全に冷まし、梅を戻す。青梅は加熱してしまうとカリカリ感が損なわれるので注意。容器のふたをして冷蔵庫で保存する。1週間ほどで梅の色がくすんでくる。

> **POINT**
>
> 2週間後くらいからがおいしくなります。くれぐれもシロップから梅が出ない状態で冷蔵保存すること。シロップばかりを先に使わず、バランスよく使い切ってください。

青梅でつくる 梅酒

漬けてから一年ほど経ち、琥珀色になってきたら飲み頃。
ゆっくりじっくりとおいしくなっていきます。

使用する梅：青梅
漬けはじめ：5月下旬
飲み頃：1年後
保存方法：常温・冷暗所
保存期間：2〜3年

◎ **材料**

青梅 … 1kg
ホワイトリカー（35度）
　… 1.8ℓ
氷砂糖 … 700g

◎ **使う道具**

・保存容器

下ごしらえ

青梅を洗い、うぶ毛を取りのぞく。

ざるに上げて水気をきる。

清潔なタオルで1粒ずつ水気をふき、竹ぐしでなり口のヘタを取りのぞく。

梅を容器に入れる

容器に下ごしらえした梅と氷砂糖を交互に入れる。

ホワイトリカーを注ぐ

ホワイトリカーを静かに注ぐ。

保存する

ふたをして、冷暗所で保存する。

漬けてから20日前後の状態。梅の色味が黄色く変化しているが、砂糖はまだ完全には溶けていない。梅のエキスがしみ出るのは6か月後くらいから。

梅を取り出す

一年後、梅のエキスが充分に焼酎に移ったところで梅の実を取り出す。取り出した梅はふたつきの容器に入れ、梅酒少々を回しかけて冷蔵保存し、10日程度で食べ切る。

梅を取り出したあとの梅酒。昨年までの梅酒に新しい梅酒を注ぎ足して、深い味わいが魅力の「特製梅酒」に仕上げても。もちろん注ぎ足さずに、年ごとの梅酒のできばえを飲み比べ、味の違いを楽しむのも楽しい。

POINT

取り出した梅に、梅酒、水、砂糖を加えて煮て種を取り、仕上げにレモン汁を加えれば、青梅のジャムができます。ふくよかな香りとさわやかな酸味が新鮮な味わいです。

3章

そのほかの梅しごと

青梅でつくる甘露煮 >>> P.38

青梅でつくる ピクルス

風味豊かな大人の味で、お酒のおつまみにおすすめです。
刻んでタルタルソースや煮ものに加えてもよいでしょう。

使用する梅	青梅
漬けはじめ	5月下旬
食べ頃	1週間後
保存方法	冷蔵
保存期間	6か月

◎ 材料

青梅 … 500g
A 塩 … 50g
　ホワイトリカー（35度）
　　… 大さじ2
B 酢 … 200mℓ
　砂糖 … 150g
C 赤唐辛子 … 2本
　ローリエ … 2枚
　粒黒こしょう … 小さじ1

◎ 使う道具

・ホーロー容器
・落としぶた（平皿）
・1kgの重石

◎ 下ごしらえ

梅は洗ってうぶ毛を取り、水に1時間ほどつけてアク抜きをする。水気をふき、竹ぐしでヘタを取りのぞく。>>>p29参照

下漬けする

ホーロー容器に下ごしらえした梅を入れてAの塩を振り入れ、ホワイトリカーを回し入れる。

梅全体に塩が絡まるように、容器をあおる。

落としぶた（平皿）をのせ、1kg程度の重石をかける。一日に一度は容器をあおり、漬け汁が早く出るように促しながら4〜5日下漬けする。

ピクルス液に漬ける

梅の色が変わり漬け汁が上がったら下漬けの完了。

4の梅を取り出す。

漬け汁にBの酢、砂糖を加えてひと混ぜする。

中火にかけ、ゴムべらなどでかき混ぜながら砂糖を煮溶かす。火を止め、粗熱を取る。

粗熱が取れたらCを加えピクルスの液をつくる。

8に梅を戻して軽い重石をかけ、冷蔵庫で保存する。約1週間後から食べられる。

青梅でつくる 甘露煮

青梅は煮くずれしやすいので、ごく弱火でていねいに煮るのが鉄則。
酸味と甘味がほどよく絡み合い、まさに手づくりならではの贅沢な味に。

使用する梅：青梅
漬けはじめ：5月下旬
食べ頃：当日OK
保存方法：冷蔵
保存期間：2か月

◎ **材料**

青梅 … 500g
砂糖 … 400g

◎ **使う道具**

・竹ぐし
・ホーロー鍋
・温度計
・クッキングシート
・茶漉し
・平らな保存容器

◎ **下ごしらえ**

梅は洗ってうぶ毛を取る。水気をふき、竹ぐしでヘタを取りのぞく。
\>>>p33参照

穴をあける

1 下ごしらえした梅を竹ぐし2〜3本で軽くつついて全体に細かく穴をあける。煮くずれなくきれいに煮上げるための大事な作業。出来るだけ細かく浅く、均一に穴をあける。

煮る

2 ホーロー鍋に梅を入れ、かぶるくらいの水を注いで弱火にかけ、湯が50℃になるまでしばらく待つ。

3 50℃になったらざるに静かにゆでこぼす。湯の温度が50℃以上になると皮が破れてしまうので注意する。

煮る

4 3の梅を鍋に戻し、再びかぶるくらいの水を注いで50℃まで温め、またゆでこぼす、これを3回くり返しアク抜きする。

5 最後に水3カップを注ぎ、砂糖を一度に入れて弱火にかける。

6 砂糖が煮溶けたら、クッキングシートでふたをして、弱火のまま40〜45分かけてゆっくりと煮含める。

保存する

7 火を止め、そのまま冷ます。

8 保存容器に梅を、そっとていねいに移す。

9 茶漉しなどでシロップを漉して注ぎ、梅の表面が汁に浸かっている状態で冷蔵庫で保存する。

青梅でつくる サワー漬け

6月につくれば2か月後の8月、ちょうど真夏の暑いときが飲み頃。
氷水や炭酸水で割って、すっきり爽快な味わいを楽しんでください。

使用する梅：青梅
漬けはじめ：6月上旬
飲み頃：2か月後
保存方法：常温・冷暗所
保存期間：3か月

◎ 材料

青梅 … 500g
砂糖 … 400g
酢 … 800ml

※ここでは砂糖を使用したが氷砂糖でもOK。ただし氷砂糖が溶けるまでに日数がかかるので、飲み頃は3か月後から。
※酢は穀物酢がおすすめ。米酢やフルーツ酢等は、梅の味とぶつかってしまう。

◎ 使う道具

・保存びん

◎ 下ごしらえ

梅は洗ってうぶ毛を取る。水気をふき、竹ぐしでヘタを取りのぞく。
>>>p33参照

梅と砂糖を容器に入れる

保存びんの容器を洗ってよくふき、下ごしらえした青梅と砂糖を交互に入れていく。

酢を注ぐ

分量の酢を静かに注ぎ入れる。

保存する

ふたをして、なるべく暗いところに置く。

漬けてから1週間後の状態。青梅の色が少し黄色に変わってくる。砂糖はまだ溶けずに底に沈んだ状態。

梅の実は…

飲み頃になった2か月後に梅は取り出し、サワー少々を回しかけて冷蔵保存しましょう。酢から出すと傷みが早いので、10日ほどで使い切ってください。刻んでアイスクリームやヨーグルトに混ぜたり、フルーツケーキの具材に利用できます。

青梅でつくる 梅肉エキス

お腹の調子が悪いときや風邪気味のとき、あるいは飲み過ぎた次の日などに、ほんの少しなめるだけで気分がすっきりし、疲労回復に役立ちます。

使用する梅	青梅
作りはじめ	6月上旬
食べ頃	当日から
保存方法	冷蔵
保存期間	4～5年

◎ 材料

青梅 … 2kg

◎ 下ごしらえ

梅は洗ってうぶ毛を取る。水気をふき、竹ぐしでヘタを取りのぞく。>>>p33参照

◎ 使う道具

・おろし金
　(またはフードプロセッサー)
・木べら
・金づち
・ふきん(またはさらし)
・ホーロー鍋
・アクすくい

※何年もしっかりと保存ができるよう、酸に強いガラス製などの保存容器がおすすめ。

梅をすりおろす

1. 下ごしらえした梅を1粒ずつすりおろしてボウルに入れる。

フードプロセッサーの場合

まな板に梅をのせ、木べらをあてて金づちで割り、必ず種を取りのぞく。

ナイフで種のまわりの実の部分をそぎ切りする。

20個くらいずつ入れ、ときどき様子を見て撹拌し、まんべんなくすりおろした状態になるまで回す。

汁を絞る　　　　　　　　　　　煮詰める

2. 2kgの梅をすりおろした状態。

3. ホーロー鍋にざるをのせ、ふきんをのせてすりおろした梅を移す。

4. ふきんでしっかり包み、ぎゅっときつく絞る。

5. 鍋を弱火にかけて煮詰める。

6. 途中何度かアクをすくいながら、3時間ほどかけてゆっくりと煮詰めていく。

7. エキスが黒くなり、鍋底をへらでこすったとき、底が見えるほどのかたさになれば煮上がり。

> **POINT**
>
> 2kgの梅から取れるエキスは50mlほど。まさに純正の健康食品です。とても味が濃いので、つまようじの先にほんの少しつけてなめるだけで充分です。

青梅でつくる しょうゆ漬け

香りよい梅風味のしょうゆは、冷奴のたれや刺身じょうゆとして、
また、サラダのドレッシングや麺類のたれに加えてもさわやかです。

使用する梅	青梅
漬けはじめ	6月上旬
食べ頃	1か月後
保存方法	冷蔵
保存期間	2〜3か月

◎ 材料

青梅 … 300g
みりん … 大さじ2
酒 … 大さじ2
しょうゆ … 200mℓ

※梅に調味液がかぶる状態で漬けられる容器を選びましょう。背の高い保存びんで漬けると、調味液から梅が出てしまいます。できるだけ平らな容器で漬け、液から梅が飛び出さないようにします。

◎ 使う道具

・ホーロー容器

◎ 下ごしらえ

梅は洗ってうぶ毛を取り、水に1時間ほどつけてアク抜きする。水気をふき、竹ぐしでヘタを取りのぞく。>>>p29参照

1 下ごしらえした梅を容器に入れ、すべての調味料を入れる。

2 ふたをし、液が全体に行きわたるよう容器を回す。常温で保存し、梅が浮いてくるようなら小さな皿を落としぶたとしてのせ、梅にしょうゆがかぶっている状態にする。

3 漬けてから1か月後。梅の色が変わってシワシワの状態になり、この頃から梅のエキスがしみ出てくる。

漬けて2か月ほどで梅は取り出して早めに料理に使いましょう(保存は冷蔵庫で1週間)。またしょうゆはびんに移して冷蔵庫へ、早めに使い切ってください。

もっと完熟梅でつくる 甘酢漬け

梅はそのまま食べても、鶏肉や豚肉の煮ものに加えてもおいしい。
梅酢は氷水やソーダ水で割り、フルーティーで豊かな香りを楽しんで。

使用する梅：もっと完熟梅
漬けはじめ：7月上旬
食べ頃：2か月後
保存方法：常温・冷暗所
保存期間：3〜4か月

◎ **材料**

完熟梅 … 1kg
塩 … 100g
氷砂糖 … 300g
酢 … 5カップ

◎ **使う道具**

・保存びん

◎ **下ごしらえ**

梅は洗ってうぶ毛を取る。水気をふき、竹ぐしでヘタを取りのぞく。>>>p12参照

1

きれいに洗って乾かした保存びんに、梅と氷砂糖、塩を交互に入れる。

2

酢を注ぎ、容器のふたをして保存。2か月後から食べ頃で飲み頃。

もっと完熟梅でつくる 甘塩漬け

梅干しの酸っぱさが砂糖で緩和されたような味で、
梅干しの酸味が苦手な方好みの調味漬けです。

使用する梅	もっと完熟梅
漬けはじめ	7月上旬
食べ頃	1か月後
保存方法	常温・冷暗所
保存期間	6か月

◎ 材料

完熟梅 … 1kg
塩 … 100g
砂糖 … 200g
ホワイトリカー(35度)
　… 大さじ3

◎ 使う道具

・ ホーロー容器
・ 重石 (1kg)
・ 落としぶた
・ 消毒用アルコール

※ここでは落としぶたは平皿で代用し、重石はきれいに洗った小石を使用。

◎ 下ごしらえ

梅は洗ってうぶ毛を取る。水気をふき、竹ぐしでヘタを取りのぞく。>>>p12参照

材料を入れてあおる

きれいに洗って消毒して乾かしたホーロー容器に、塩と砂糖を入れ、よく混ぜる。

下ごしらえした梅を入れる。

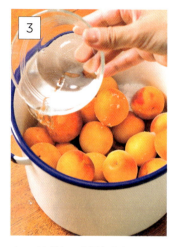
ホワイトリカーを回し入れる。

漬ける

容器をあおって梅に調味料を絡ませる。

梅を平らにならし、消毒して乾かした平皿を落としぶたにしてのせる。

1kg程度の重石をし、ふたをして保存する。翌日から一日に1回重石と落としぶたを外して容器をあおる。4〜5日で梅酢が上がってくる。重石をかけたまま保存する。

もっと完熟梅でつくる 梅みそ

梅みそを上手に漬けるコツは毎日混ぜること。
手間はかかりますが、梅の風味がきいた極上の自家製梅調味料です。

使用する梅	もっと完熟梅
漬けはじめ	7月上旬
食べ頃	1か月半後
保存方法	冷蔵
保存期間	3か月

◎ 材料

完熟梅 … 500g
みそ … 500g
砂糖 … 500g

◎ 使う道具

・保存容器
・ホーロー鍋
・フードプロセッサー

◎ 下ごしらえ

梅は洗ってうぶ毛を取る。水気をふき、竹ぐしでヘタを取りのぞく。>>>p12参照

下漬けする

1 保存容器にみそと砂糖を入れてよく混ぜる。

2 みそがなめらかになったら、下ごしらえした梅を少しずつ入れ、みそが梅にしっかり絡まるように混ぜる。

3 ふたをして常温に置く。次の日から一日1回よく混ぜ合わせる。

4 2週間ほどで梅が発酵してみそがぷくぷくしてくる。発酵が進むと膨張してくるので、容器のふたは少しずらしておく。一日1回混ぜ続ける。

煮詰める

5 1か月ほどで梅が小さくしぼんでくる。

6 梅をみそから取り出して種を取りのぞく。

7 梅をフードプロセッサーに入れ、シロップ状になったみそを大さじ4ほど加え、30〜40秒攪拌する。

8 6で容器に残ったみそをホーロー鍋に移して中火にかける。

9 煮立ったらアクをすくい取りながら15分ほど煮て、もとのみそのかたさになるまで練り混ぜながら煮詰める。

10 7で細かくした梅を鍋に加えて、混ぜながらさらに2〜3分煮る。

11 出来上がり。冷めてからふた付きの容器に移して冷蔵庫で保存する。

小梅でつくる カリカリ漬け

カリカリに仕上げるためにはその年の初めに見かけた、
かたい未熟な小梅で漬けること、白梅酢が上がったらすぐに冷蔵庫で保存すること。

使用する梅：青梅（小梅）
漬けはじめ：5月中旬
食べ頃：1か月後
保存方法：冷蔵
保存期間：2～3か月

◎ 材料

青梅（小梅）…300g
塩…大さじ3（45g）
※梅の重量の15％の塩分
ホワイトリカー（35度）
　…大さじ2

※カリカリに仕上げるためには青くかたく未熟なものを選ぶこと。少しでも黄色みを帯びたものはカリッと仕上がりません。また、購入したらすぐに作業すること。

◎ 使う道具

・消毒用エタノール
・ホーロー容器
・重石500g
　（器で代用してもOK）
・落としぶた（平皿）

下ごしらえ

1
梅を洗い、たっぷりの水に1時間つける。

2
ざるに上げて水気をきる。

3
清潔なタオルで梅の水気をていねいにふく。

4
竹ぐしでなり口のヘタを取りのぞく。梅が小さいので傷つけないように注意。

容器を消毒する

5
消毒用エタノールを容器や重石にふきつける。

6
清潔なタオルでアルコールの水分をしっかりふき取る。

下漬けする

7
下ごしらえした梅を容器に入れて塩を振り入れる。

8
ホワイトリカーを回し入れる。

9
梅全体に塩が絡まるように、容器をあおる。

10
落としぶたをのせ、500g程度の平皿を重石としてのせる。一日に2度ほど容器をあおる。

冷蔵庫で保存

11
一日経って梅の色が変わってきたらカリカリとした食感を生かすため冷蔵庫へ移す。軽い重石をかけたままふたをし、冷蔵庫で漬ける。

味がなじむ1か月後から食べられます。重石をはずし、漬け汁ごと容器に移して冷蔵庫で保存しましょう。

小梅でつくる 小梅干し

小梅干しも、梅干し同様に黄熟した完熟小梅を使いましょう。
梅の色が青っぽかったりかたいようであれば追熟させます。

使用する梅：完熟小梅
漬けはじめ：6月上旬
食べ頃：土用干し終了後から1か月後
保存方法：常温・冷暗所（冷蔵庫も可）
保存期間：5〜6か月

◎ 材料

完熟小梅 … 500g
塩 … 大さじ5（75g）
※梅の重量の15％の塩分
ホワイトリカー（35度）
… 大さじ2

◎ 使う道具

・ホーロー容器
・重石1kg
・落としぶた

※小さな漬け物容器に合わせて落としぶたや重石を探すのは大変。そんな場合は、皿などで代用します。深皿の中に小石やおはじきを入れて重さを調整してもよいでしょう。

下ごしらえ

1 黄熟した梅を水で洗う。

2 ざるにあげて水気をきる。

3 清潔なタオルで梅の水気をていねいにふく。

下漬けする

4 竹ぐしでなり口のヘタを取りのぞく。梅が小さいので傷つけないように注意。

5 容器に梅を入れる。

6 塩を振り入れる。

7 ホワイトリカーを回し入れる。

8 梅全体に塩がまんべんなく絡まるように容器をあおる。

9 落としぶたをのせ、1kg程度の重石をかける。一日に一度は容器をあおり、漬け汁が早く出るように促しながら2〜3日漬ける。

冷暗所で保存する

梅の色が変わり、漬け汁（白梅酢）が上がったら下漬けの完了。

重石を半分の重さに減らして、赤じそが出回る時期までふたをして冷暗所に置く。

赤じそはちりめんじそともいわれ、葉が細かくちぢれているのが特徴。葉の表裏とも赤紫色で、傷のないきれいな葉を使いましょう。緑がかった色の葉を使うとくすんだ赤色になり、きれいな色に染まりません。

◎ **材料**（小梅500gに対して）

赤じそ … 1/2束（正味50g）

塩 … 大さじ1

◎ **使う道具**

・ゴム手袋

※しっかり洗ってから使用する。

赤じそのアクを抜く

赤じその葉を摘み取り、たっぷりの水で洗ってざるにあげ水気をきる。

赤じそをボウルに入れて塩を振り入れる。
※調理用手袋を使用する場合は、しっかりと洗ってから使うこと。

塩をなじませ、赤じそがしんなりしたらしっかりもみ始める。

ぎゅぎゅと力を入れてもみ、アクを出す。

黒くにごったアク汁が出るまでもみ続ける。

汁気をきつく絞る。

絞ったアク汁は捨てる。

> POINT
> 梅干しでは赤じそのアク抜きを2回行いますが、小梅干しで使う赤じそは少量なので、アク抜きは1回でOKです。

赤じそ漬けにする

11の梅の上に、18の赤じそを広げてのせる。

落としぶたをする。

軽い重石をかけ、梅雨が明けるのを待つ。

土用干しする

ボウルの上にざる（三方にひもを通しておく）をのせ、赤じそと梅を広げて汁気をきる。

赤じそを木べらで押さえ、梅酢をよくきっておく。ボウルに落ちた梅酢は容器に戻す。

梅は重ならないように並べる。

物干しざおにざるのひもを通して吊し、2～3日干す。外出中や夜は室内に取り込んでおく。

梅としそが乾いたら土用干し完了。最終日には容器ごと屋外に出して陽にあて、梅酢を温める。

本漬け

容器に梅を戻す。

しそをのせ容器を傾けて梅酢がいきわたるようにする。

平皿などをのせ（軽い重石にする）、風通しのよい部屋で保存する。味がなじむ1か月後から食べられる。重石をはずし、漬け汁ごと容器に移して保存する。

4章

梅しごとの合間に
初夏の保存食

しょうがの甘酢漬け>>>P.63

らっきょう

旬
5〜6月

らっきょうはとても生命力が強く、芽先の成長の速さは驚くほど。下ごしらえしてその日のうちに漬けられる時に買い求めましょう。泥（砂）付きのものを選ぶのがポイント。洗いらっきょうは皮をむく手間が省けて簡単ですが、手づくりにするなら皮も自分でむいたほうが安心です。市販のらっきょうの甘酢漬けは丸い形をしていますが、これはもともと丸い品種を使っているからです。生で売られているものは、ほとんどが細長いもの。上下を切り落とさず、長い形のまま漬けてください。1kgのらっきょうは下ごしらえした後は約900gほどになります。購入するときの目安にしてください。

甘酢漬け
食べ頃：漬け終わりから1か月後〜
　　　　　おすすめは3か月後くらいから。
保存方法：常温・冷暗所
保存期間：1年

酢じょうゆ漬け
食べ頃：1か月後
保存方法：常温・冷暗所
保存期間：2〜3か月

みそ漬け
食べ頃：1か月後〜
　　　　　※味が濃くなってきたら薄切りで
保存方法：常温・冷暗所
保存期間：2〜3か月

下ごしらえ

1. 1粒ずつにほぐして洗い、ざるに上げる。薄皮をていねいにむく。

2. ひげ根と芽先を切り落とす。このとき、深く切り過ぎるとシャキシャキした食感に仕上がらないので注意する。

みそ漬け

◎ 材料

らっきょう … 300g（下ごしらえ後 約270g）
A みそ … 200g
　みりん … 大さじ2
　酒 … 大さじ2

容器にAを入れてよく混ぜ合わせておく。

2. 下ごしらえしたらっきょうを加える。

3. ゴムべらでみそがらっきょうによく絡むように混ぜる。

4. ラップで表面をきっちりと覆い、容器のふたをして常温で保存する。

POINT

味がなじむ1か月後くらいからが食べ頃。そのまま酒の肴として楽しめます。味がしみ込みやすいので、味が濃くなってきたら、薄切りにしていただきましょう。

甘酢漬け

◎ 材料

らっきょう … 500g（下ごしらえ後 約450g）
A 塩 … 30g
　水 … 2カップ
B 酢 … 1・1/2カップ
　水 … 1/2カップ
　砂糖 … 150g
赤唐辛子 … 3本

◎ 使う道具

・ホーロー容器
・重石（1kg）
・落としぶた（平皿）

塩漬け

1. 容器に下ごしらえしたらっきょうを入れてAの塩を振り入れ、容器をあおる。

2. Aの水を注ぎ、落としぶたをする。ここでは丈夫な平皿で代用。

甘酢に漬ける

3. 1kg程度の重石をかけて下漬けする。

4. 翌日に塩が溶けていることを確かめ、本漬けに移る。塩が溶けていなければ、もう一度容器をあおって、落としぶたと重石をのせ、さらに半日ほど漬ける。

5. らっきょうをざるにあげ、水気をきる。

6. ペーパータオルで水気をふき取る。

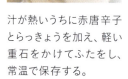

7. ホーロー鍋にBを入れて煮立て、砂糖が煮溶けたら火を止める。

8. 汁が熱いうちに赤唐辛子とらっきょうを加え、軽い重石をかけてふたをし、常温で保存する。

POINT

熱いうちに漬けると味が早くしみ込みますが、らっきょう特有の白さがうすれ、透き通った感じの仕上がりに。白く仕上げたいときは、冷ました甘酢に漬けてください。

酢じょうゆ漬け

◎ 材料

らっきょう … 300g（下ごしらえ後 約270g）
A しょうゆ … 100mℓ
　酢 … 100mℓ
　みりん … 大さじ4

1　容器に下ごしらえしたらっきょうを入れ、Aの調味料を全部入れ、容器のふたをする。

2　容器を回して味がなじみやすいようにし、常温で保存する。

塩漬け

◎ 材料

らっきょう … 300g（下ごしらえ後 約270g）
塩 … 30g
水 … 1カップ

食べ頃：4〜5日目
保存方法：冷蔵
保存期間：1か月

1　容器に下ごしらえしたらっきょうを入れて塩を振り、容器をあおってらっきょうに塩をまぶしつける。

2　水を注ぎ、落としぶたをしてから1kg程度の重石をかけて下漬けする。

3　翌日、落としぶたをはずして塩が溶けているかを確かめ、もう一度容器をあおって落としぶたと重石をして4〜5日漬ける。

POINT

食べるときは水洗いするか薄切りにして、砕いた氷の上にのせていただきます。塩分がきつければ、水につけて塩気を抜いてから食べても。

新しょうが

旬
6〜7月

初夏から夏にかけて出回わる新しょうがは、みずみずしくて辛味がやわらかいのが特徴です。切り口がカサついておらず、皮がぴんと張っていれば新鮮な証拠。買い求めたらすぐに下ごしらえしてその日のうちに漬けましょう。ガリ（甘酢漬け）や紅しょうがにすれば長くおいしく味わえます。赤じそ酢（p21）と梅干し（p10）を作っていれば、本格的な紅しょうがが手作りできます。

甘酢漬け

食べ頃：漬け汁が発色したら

保存方法：冷蔵

保存期間：1か月

紅しょうが

食べ頃：1か月後

保存方法：冷蔵

保存期間：1年

下ごしらえ

新しょうがは、ひとかけぐらいに手でぽきっと折る。

たわしでこすってていねいに水洗いする。

ざるに上げて水気をきる。

甘酢漬け

◎ 材料

新しょうが … 300g
A 酢 … 200 ml
　砂糖 … 大さじ4
　塩 … 小さじ1

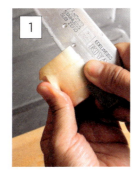
3cm長さくらいに切って、皮をごく薄くむき取る。

3mm厚さに切って、切ったはしから水にさらし、10分ほどおいて辛味を抜く。

水気をきった**2**を熱湯に入れ、菜箸でさばきながら1分ほどゆでる。

しょうがが透き通ってきたらざるに上げて水気をきる。

容器に**A**の調味料を入れてよく混ぜておく。

5の甘酢に、**4**が熱いうちに入れてよく混ぜ、粗熱を取る。

漬け汁がきれいに発色してきたら出来上がり、ふた付きの容器に入れて冷蔵庫で保存する。1か月くらいはおいしく保存できる。

紅しょうが

◎ 材料

新しょうが … 500g
塩 … 30g
水 … 2/3カップ

A 赤じそ酢 … 1/2カップ（p21参照）
 ｜ 酒 … 大さじ2
B 赤梅酢 … 1/2カップ（p17参照）
 ｜ みりん … 大さじ2

◎ 使う道具

・バットなど浅く広い容器
・重石用容器（約1kg）
・保存容器

下漬け

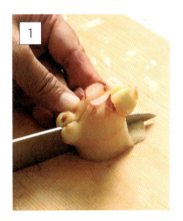

1　下ごしらえしたしょうがは、厚みがある部分は縦に半分に切って厚さを均等にする。

2　塩をこすりつけて容器に平らに入れる。

3　水を回し入れる。これを「呼び水をする」といい、塩味が均一につき、漬け汁が上がる時間が短縮される。

4　落としぶたをして1kg程度の重石をかけ、冷蔵庫に入れて下漬けする。

5　時々上下をかえて、重石が均一になっていることを確かめながら1週間くらい漬ける。写真は1週間たった状態。

6　しょうががしんなりしてきたらざるにのせ、途中で一度上下を返し、一日干して余分な水分を抜く。

キッチンペーパーなどで水気をよくふき取る。

容器に**7**を並べ、**A**を合わせて回しかける。

落としぶたと重石をかけて2〜3週間漬ける。途中で一度上下を返し、全体に液が回るようにする。

本漬け

しょうがが漬け汁を吸って下味がついたら本漬けをする。一度しょうがを取り出してざるに上げ、容器を洗って乾かす。

Bの赤梅酢にみりんを加えて混ぜ、本漬けの漬け汁を用意する。

容器にしょうがを並べ入れ、**11**の漬け汁を回しかける。

容器を少し傾けて漬け汁を絡ませ、落としぶたと容器のふたをして冷蔵庫で保存する。時々しょうがの上下を返してさらに2〜3週間漬け味と色がなじんでくる1か月後から食べられる。1年間は冷蔵庫で保存可能。

> **POINT**
>
> 漬け酢に漬けたまま保存しますが、当面使う分を3mm程度に切って小さな容器に移し、冷蔵庫に入れておくとすぐに利用できます。細切りにして焼きそばやお好み焼き、いなりずしに添えたり、たこ焼きの具にしたり、お弁当の箸休めなどに。

新にんにく

旬
5〜6月

にんにくは貯蔵品が一年中出荷されていますが、新にんにくは春から初夏が旬。この時期に収穫し、貯蔵する前のものを「新にんにく」と呼びます。みずみずしく、においも薄いのが特徴です。生のままでは水分が多く長期保存がきかないので、みそ漬けやしょうゆ漬け、ガーリックオイルにしておくと便利です。これらの調味漬けは1〜2か月で使いきりましょう。にんにくは、粒が大きくて丸みがあり、固くしっかりしまったものを選びましょう。

にんにくオイル
食べ頃：当日〜
保存方法：冷蔵
保存期間：1か月

しょうゆ漬け
食べ頃：1か月後
保存方法：常温・冷暗所
保存期間：1〜2か月

みそ漬け
食べ頃：1か月後
保存方法：常温・冷暗所
保存期間：1〜2か月

下ごしらえ

1 にんにくは白い外皮をむき、1粒ずつに分ける。

2 根の部分を少しだけそぎ切ってからペティーナイフを使って皮をむく。

3 薄皮もていねいにむき取る。

しょうゆ漬け

◎ 材料
新にんにく … 3個（下ごしらえ後 約200g）
しょうゆ … 200mℓ

◎ 使う道具
・保存びん

[しょうゆ漬けの利用法]

にんにくじょうゆ ➡ ステーキや炒めものの味つけや、カレーやハンバーグソースの隠し味に。

にんにく ➡ かつおのたたきの薬味にしたり、みじん切りにしてドレッシングに加えても。炒めものに使うときは焦げやすいので炒めたら一旦取り出し、仕上げに戻します。

1 下ごしらえしたにんにくを保存びんに入れてしょうゆを注ぐ。

2 ふたをして常温で保存する。

3 1か月後の状態。このくらいから食べられる。

みそ漬け

◎ 材料

新にんにく … 3個（下ごしらえ後 約200g）
みそ … 200g

◎ 使う道具

・ゴムべら
・保存容器

[みそ漬けの利用法]

みそ ➡ 独特の風味が魅力です。肉や魚のソテーの味付けにぜひ。みそラーメンのスープに加えたり、中華風のみそいための合わせ調味料としてもおすすめです。

にんにく ➡ 薄切りにして酒の肴にしたり、ホイルで包んで焼いたりしてもおいしいです。

1 ボウルにみそを入れ、下ごしらえしたにんにくを加えて混ぜ合わせる。

2 にんにくとみそがしっかりと絡まるようによく混ぜ合わせる。

3 保存容器ににんにくとみそを詰める。隙間なくきっちり詰めること。

4 ふたをして常温で保存する。

貯蔵もののにんにくも！

新にんにくのみそ漬けを食べ終わったら、みそを一度鍋に入れ、みそ、みりん、酒を適量補い弱火にかけます。もとのみそのかたさになるまで練り、冷めてから貯蔵もののにんにくを漬けておけば、一年中楽しめます。

にんにくオイル

◎ **材料**

新にんにく … 3個（下ごしらえ後 約200g）
オリーブオイル … 200mℓ

◎ **使う道具**

・保存容器

[にんにくオイルの利用法]

にんにく➡にんにくをじっくり炒めて風味をオイルに移して仕上げるので、にんにくは残念ながら食べてもおいしくありません。

オイル➡オイルにはおいしさが詰まっています。シンプルでおいしいペペロンチーノ（p77参照）もこのオイルがあれば簡単に作れます。シーザーサラダのドレッシングやイタリアンの炒めものにも欠かせません。

1. 下ごしらえしたにんにくをビニール袋に入れて口元を閉じ、すりこぎで叩いてにんにくを潰す。

2. フライパンに1のにんにくを入れてオリーブオイルを加え、ごく弱火にかける。

3. 時々混ぜながら4〜5分ほどかけてゆっくりと煮る。水分が多く、ピチピチと泡がはじけるので注意。

4. にんにくがきれいに色づき、水分が抜け、カスカスした状態になったら、火を止める。

5. 4が熱いうちに漉し、にんにくは捨てる。ボウルにざるをのせ、さらににペーパータオルを通して漉す。

6. 保存容器に移して冷めたら冷蔵庫で保存。冷えるとオイルは少し固くなるが、常温で保存するより香りも長持ちする。

POINT

にんにくを丸のまま、またはみじん切りにしてオイル漬けにする方法もありますが、新にんにくは水分が多いため、生のままでは長期保存に向きません。

梅しごとと初夏の保存食の
レシピノート

自家製の保存食はそのままでもとてもおいしいものですが
ひと工夫することで、おいしい料理やデザートとして楽しめます。

梅シロップ p28を使って

梅ゼリー

梅の香り高い上品なゼリーは、
食後のデザートにも好評。

◎ **材料** (2人分)

梅シロップ … 1/3カップ
水 … 2/3カップ
梅シロップの梅 … 2個分
粉ゼラチン … 5g
※50mlの湯に振り入れておく

◎ **作り方**

1 梅の形のきれいなところはそのまま使用し、それ以外は粗く刻む。
2 梅シロップと水を鍋に入れて温め、ふやかしたゼラチンを加え混ぜる。
3 容器に刻んだ梅の2/3量を入れて**2**のゼリー液を8分目まで注ぐ。冷蔵庫で冷やし固め、大きな梅と刻んだ梅の残り1/3量を散らし、ゼリー液を注ぎ再び冷やし固める。

梅シロップ p28を使って

梅アイスキャンディー

製氷皿で凍らせれば、
一口サイズのとてもかわいらしい仕上がりに。

◎ **材料** (2人分)

梅シロップ … 100ml
水 … 150ml
梅シロップの梅 … 2個分
※1cm角に切っておく

◎ **作り方**

1 梅シロップと水を混ぜ、製氷皿に流し入れる。梅も入れる。
2 冷凍庫で4〜5時間凍らせる。楊枝をさす場合は、3〜4時間経ち固まってきたところでさし、さらに1〜2時間凍らせる。

青梅のピクルス p36を使って

スペアリブの梅煮

青梅のピクルスがあれば、しょうゆを加えるだけで複雑で味わい深い一品に。

◎ **材料**（2人分）

スペアリブ（半切りにしたもの）… 6本
A ピクルスの液 … 大さじ4
　しょうゆ … 大さじ2
　水 … 100mℓ
ピクルスの梅 … 2個

◎ **作り方**

1　鍋に**A**とスペアリブを入れて中火で20分以上煮てから、ピクルスの梅を加えてひと煮して火を止める。

2　スペアリブを器に盛り、梅を添える。

青梅のピクルス p36を使って

ホタテフライの梅タルタルソース添え

梅の酸味がアクセントのタルタルソースは大人好みの味わいです。

◎ **材料**（2人分）

ホタテ（刺身用）… 6個
アスパラガス … 4本
ゆで卵 … 1個
ピクルスの梅 … 1個
A みじん切り玉ねぎ … 大さじ2
　マヨネーズ … 大さじ4
　ピクルスの液 … 大さじ1
B 小麦粉、溶き卵、パン粉 … 各適量

◎ **作り方**

1　ゆで卵とピクルスの梅は刻み、**A**を加えてよく混ぜ合わせ、梅入りのタルタルソースをつくる。

2　ホタテは水気をふき取って塩、こしょう各適量（分量外）を振る。アスパラガスははかまを取りのぞいて半分の長さに切る。

3　ホタテ、アスパラガスに**B**の衣を順番につけ、熱した揚げ油適量（分量外）でアスパラガス、ホタテの順に揚げる。

4　ホタテとアスパラガスを盛り合わせ、1の梅タルタルソースをたっぷりかける。

青梅のしょうゆ漬け p44を使って

鯛の薄造り

梅の香りが移ったしょうゆは、
ほどよく酸味のきいたやさしい味わいが魅力です。

◎ **材料** (2人分)

鯛（刺身用）… 約100g
きゅうり … 1/2本
しょうゆ漬けの梅 … 1個
しょうゆ漬けのしょうゆ … 適量

◎ **作り方**

1. 鯛は薄くそぎ切りする。
2. きゅうりは千切りに、しょうゆ漬けの梅は薄切りにし、1の鯛と一緒にバランスよく器に盛る。
3. 梅しょうゆを添える。

青梅のしょうゆ漬け p44を使って

蒸し鶏の
梅じょうゆドレッシング

さっぱりとした梅じょうゆドレッシングは、
刻んだ梅がアクセントに。

◎ **材料** (2人分)

鶏ささみ … 2本
酒、塩 … 各少々
玉ねぎ … 1/2個
青じそ … 2枚
しょうゆ漬けの梅 … 1個
A しょうゆ漬けのしょうゆ … 小さじ2
　サラダ油 … 大さじ1
　酢 … 小さじ2
　砂糖 … 小さじ1/2

◎ **作り方**

1. 鶏ささみに塩と酒を絡めてレンジで2分ほど加熱して冷まし、細く裂く。
2. 玉ねぎは薄くスライスして水にさらし、水気をよくきる。器に玉ねぎを敷いて1のささみをこんもりと盛りつけ、千切りの青じそとみじん切りにした梅をあしらう。
3. Aの材料をよく混ぜて梅じょうゆドレッシングをつくり、2に回しかける。

梅干しづくりでできる赤梅酢 p17を使って

紅白の菊花かぶ

お正月やお誕生日など、
お祝いに喜ばれるおしゃれな一品です。

◎ 材料

小かぶ … 1束（7個）
A 水 … 500mℓ
　塩 … 大さじ1
B 酢 … 1/3カップ
　砂糖 … 大さじ2
赤梅酢 … 大さじ1

◎ 作り方

1　かぶは皮を薄くむき、上下を少し切り落とし、細かい格子状に深く切り込みを入れる。

2　Aの塩水にかぶの切り込みを下にして入れ、軽い重石をかける。途中かぶの上下を返して30～40分下漬けする。

3　Bを合わせて甘酢をつくり、2で下漬けしたかぶの汁気を押し絞って1時間漬け、甘酢漬けをつくる。

4　3の甘酢の1/3量を別容器に入れて赤梅酢を加え、3のかぶ3個の汁気を軽くきって切り口を下にして30分ほど漬ける。

5　途中かぶの上下を返し、甘酢を全体になじませる。

梅干しづくりでできる赤じそ漬け p17を使って

ゆかりのおにぎり

ゆかりは容器に入れて冷蔵庫で保存すれば
一年間は色も香りもそのまま味わえます。

◎ 材料

赤じそ（乾燥させたもの）… 適量
ご飯 … 適量

◎ 使う道具

・フードプロセッサー
　※またはすり鉢で細かくする。

◎ 作り方

1　土用干しが終わったら赤じそを広げ、さらに4〜5日干してカラカラに乾かす。

2　フードプロセッサーに入れ、1〜2分を目安に、様子を見ながら細かく粉砕する。

※この状態でも使えるが、ざるに入れてふるいにかければ、より口当たりのよいゆかりができる。

3　おにぎりを作り、ゆかりをまぶしつける。

梅の甘酢漬け p45を使って

手羽先と梅の甘酢煮

手羽先といっしょに煮込んだ梅を
ちぎって肉に絡めながらいただきます。

◎ 材料（2人分）

手羽先 … 6本
ししとう … 6本
甘酢漬けの梅 … 2個
A しょうゆ … 大さじ1
　　酒 … 大さじ1
片栗粉 … 少々
サラダ油 … 大さじ2
B 水 … 100mℓ
　　しょうゆ … 大さじ1
　　甘酢漬けの甘酢 … 大さじ2

◎ 作り方

1　手羽先は関節で切り落とし、裏側の骨に沿って切り目を入れる。ししとうは縦にかくし包丁を入れる。

2　手羽先にAをもみ込んで15分ほど置き、下味をつける。

3　手羽先の汁気をふいて片栗粉を薄くまぶしつけ、サラダ油でゆっくり焼きつける。

4　Bを加え、再び煮立ったら梅を加えて中火で15分ほど煮る。さっと炒めたししとうを加えてひと煮する。

赤じそ酢 p21を使って

即席しば漬け

しその風味と赤じそ酢の色あいが美しい
「しば漬け風」の一品。

◎ 材料

きゅうり…1本
なす…2本
みょうが…2個
赤じそ酢のしその葉…少々
A 塩…小さじ1/2
B 塩…小さじ1
赤じそ酢…大さじ3
みりん…大さじ1

◎ 下ごしらえ

・きゅうりは長さを3等分してから縦に4〜5mm厚さに切る。
・なすはヘタを切り落として長さを半分にしてから縦に4〜5切れに切る。
・みょうがは縦に4切れに切る。

1 きゅうりとみょうがを合わせてAの塩を振って混ぜ、重石をかけて1時間下漬けする。

2 なすにはBの塩を振り、さっと混ぜる。

3 2に水150mlを注いで重石をかけ、1時間下漬けする。

4 1と3の汁気を絞ってボウルに入れさっくりと合わせる。

5 赤じそ酢を加える。

6 みりんを加える。

7 赤じそを加える。

8 全体をよく混ぜ、軽い重石をして1時間ほど漬ける。

にんにくのしょうゆ漬け p67を使って

ガーリックチャーハン

にんにくじょうゆの
香ばしいにおいが広がります。

材料（2人分）

にんにくのしょうゆ漬け … 2かけ
サラダ油 … 大さじ1
ご飯 … 2膳
にんにくじょうゆ … 大さじ1
黒こしょう … 少々

◎ 作り方

1　にんにくのしょうゆ漬けは汁気をきって、2〜3mm厚さに切る。

2　フライパンにサラダ油を入れて弱火にかけ、にんにくをゆっくり炒めて、カリッとしたら取り出す。

3　温かいご飯をフライパンに入れて切るようにして炒め、にんにくじょうゆで調味し、ご飯がパラッとしたら、にんにくを戻してひと炒めする。器に盛り黒こしょうを多めにふる。

にんにくのしょうゆ漬け p67を使って

豚テキ

にんにくの香りをきかせた
食欲そそる一品。

材料（2人分）

豚ロース切り身 … 2枚
塩 … 少々
黒こしょう … 適量
にんにくのしょうゆ漬け … 2かけ
A　にんにくじょうゆのしょうゆ … 大さじ1
　　酒 … 大さじ1
サラダ油 … 大さじ1・1/2
クレソン … 適量

◎ 作り方

1　豚肉は両面とも筋切りして塩と黒こしょうを多めに振る。にんにくのしょうゆ漬けは汁気をきって2〜3mm厚さに切る。Aのにんにくじょうゆと酒を合わせておく。

2　フライパンにサラダ油大さじ1を入れて弱火にかけ、にんにくをゆっくり炒め、カリッとしたら取り出す。

3　2にサラダ油大さじ1/2を足して肉の両面を焼く。焼き色がついたら火を弱め、中まで火を通して肉を取り出す。

4　混ぜ合わせたAを加えて煮立たせ、ソースを仕上げる。切り分けた肉を器に盛り、にんにくを散らし、クレソンを添え、ソースをかける。

にんにくのみそ漬け p68を使って

鮭のチャンチャン焼き

鮭を崩しながら
野菜とともに、熱々をいただきます。

材料（2人分）

生鮭 … 2切れ
玉ねぎ … 1/2個
キャベツ … 3～4枚
A にんにくみそ … 大さじ3
　酒、砂糖 … 各大さじ1
にんにくのみそ漬け … 2かけ
サラダ油 … 少々
バター … 適量

◎ 作り方

1　Aを混ぜて、合わせみそをつくっておく。

2　玉ねぎは1cm幅に切り、キャベツはザク切りにして皿にのせ、ラップで覆って電子レンジで90秒加熱する。

3　フライパンにサラダ油を熱して鮭と、みそをしごき取ったにんにく2かけを入れて、それぞれきれいな焼き色がつくまで焼く。

4　キャベツと玉ねぎを3にのせ、1の合わせみそをところどころに置いてふたをし、弱火で4～5分加熱する。

5　仕上げにバターを落とす。鮭を崩し、野菜とともにみそを絡めていただく。

にんにくオイル p69を使って

スパゲッティー・ペペロンチーノ

にんにくを炒めて油に香りを移す手間がはぶけ、焦がす心配もありません。

材料（2人分）

スパッゲティー … 160g
塩 … 大さじ1
にんにくオイル … 大さじ2
赤唐辛子 … 2本

◎ 作り方

1　たっぷりの熱湯に塩を入れてスパゲッティーを固めにゆでる。

2　フライパンを弱火にかけ、にんにくオイルと種を取りのぞいて輪切りにした赤唐辛子を入れてゆっくり炒める。スパゲッティーのゆで汁50mlを加えて鍋をゆすってソースを作る。

3　ゆで汁をきったスパゲッティーを入れてソースを絡める。

梅しごとと初夏の保存食の
調味料の話

塩

漬けものには、粒子が粗く、ミネラルバランスのよい海水からつくられる粗塩がむいています。梅やらっきょうなどの素材に絡みやすく、素材の旨みを早くじょうずに引き出します。精製塩に比べて少し値は張りますが、梅しごとや保存食づくりには上質の塩を使いましょう。

氷砂糖

形が氷に似ている砂糖で、梅酒など果実酒をつくるときに使います。氷砂糖は結晶が大きいので溶けるのに時間がかかります。このゆっくり溶ける時間が、かたい梅にじっくりと作用して梅の旨みを引き出します。

ホワイトリカー（焼酎）

焼酎には甲類と乙類があります。ホワイトリカーは甲類に属し、無色透明で香りやくせがなく、梅酒など風味を生かす果実酒に適しています。アルコール度数は20〜35度のものがありますが、度数が高い35度のものを使用することで、果物の成分の浸出を早めます。梅干しの下漬けのときにもホワイトリカーを入れますが、これは梅の殺菌と、塩を絡みやすくするためです。

酢

酢にはさまざまな種類があります。原料の違いで、穀物酢、米酢、黒酢、りんご酢、ワインビネガーなどがありますが、酢漬けには穀物酢で充分。くせがなくストレートな酸味で、お酢の中でももっともなじみのある味。梅など素材の風味を生かすには、手軽でくせのない穀物酢がいちばんです。

みそ

蒸した大豆と塩、こうじを混ぜ、発酵、熟成させたものが「みそ」です。みそはふだん使いのものでよく、高価なみそを買う必要はありませんが、添加物の多いものやだし入りみそは、保存漬けには不向きです。

しょうゆ

しょうゆには濃口しょうゆ、薄口しょうゆ、たまりじょうゆなどがありますが、漬けものにはもっとも一般的な濃口しょうゆを使うとよいでしょう。香りと旨みのバランスが取れたしょうゆですから、青梅、らっきょう、にんにくなど、どんな素材とも相性がよいです。

スパイス類

赤唐辛子は、「鷹の爪」とも呼ばれ、ぴりっと辛い味に仕上げるときに利用。一般には乾燥したものが市販されていますが、秋になると生のものが枝付きで出回ります。花びんに水を入れずに挿し、生け花のように楽しんでから、充分乾燥させて実を切り離し、袋に入れて保存すれば一年中重宝します。黒粒こしょうとローリエは青梅のピクルスで使用しています。スーパーで購入できます。

79

杵島直美（きじま なおみ）

和風のお惣菜を中心に、楽しく作っておいしく食べられる家庭料理が得意。昔から家庭で作られてきた漬けものや保存食を、今の時代に合った気軽にできる方法で次の世代に伝え続けていきたいと考えている。
著書に『シニア夫婦のかんたん！おいしい！一汁一菜健康ごはん』（辰巳出版）、『毎日の食べるみそ汁100』（ブティック社）、『杵島家のおせち』（枻出版社）、『日本一美味しいのり弁の作り方』（日東書院本社）ほか多数。

STAFF

デザイン● 高橋朱里、菅谷真理子（マルサンカク）
撮影● 原田真理
編集協力● スタジオダンク
撮影協力● 野田琺瑯

●本書は2010年に泉書房より刊行された『杵島さんちの梅しごとと保存食』を改題・再編集したものです。

本書の内容に関するお問い合わせは、お手紙かメール（jitsuyou@kawade.co.jp）にて承ります。恐縮ですが、お電話でのお問い合わせはご遠慮くださいますようお願いいたします。

今年こそ、梅しごと
梅干し、梅ジャム、梅酒、梅シロップほか
はじめてでもおいしい手づくり

2019年5月30日　初版発行
2025年5月30日　7刷発行

著　者　　杵島直美
発行者　　小野寺優
発行所　　株式会社河出書房新社
　　　　　〒162-8544　東京都新宿区東五軒町2-13
　　　　　電話　03-3404-1201（営業）
　　　　　　　　03-3404-8611（編集）
　　　　　https://www.kawade.co.jp/
印刷・製本　三松堂株式会社

Printed in Japan
ISBN978-4-309-28737-9

落丁本・乱丁本はお取り替えいたします。
本書のコピー、スキャン、デジタル化等の無断複製は著作権法上での例外を除き禁じられています。本書を代行業者等の第三者に依頼してスキャンやデジタル化することは、いかなる場合も著作権法違反となります。

明日を創る学校経営 Ⅲ

校長の力は「対話力」で決まる

遠藤真司 著

吉冨田大学特職大学院客員教授
関西国際大学教育学部准教授
東京都小楊原区連専委員会員長

第一公報社